LES

EMPRUNTS ÉGYPTIENS

Sténographie.

TRADUCTION

MORNING POST, Mercredi 4 Octobre 1876

PARIS

IMPRIMERIE Vᵉ ÉTHIOU-PÉROU

RUE DAMIETTE, 2 ET 4

1876

LES EMPRUNTS ÉGYPTIENS

RNING POST

Mercredi
ctobre 1876

Sténographie.

TRADUCTION

Un meeting nombreux de porteurs de Titres Égyptiens s'est réuni dans la grande salle de Camwon Street Hotel hier après midi, pour entendre un exposé fait par M. Goschen.

M. Pleydell-Bouverie préside, et dit, en ouvrant la séance :

Il y a deux mois, M. Goschen, à la requête d'un grand nombre de porteurs de Titres de la Dette Egyptienne, entreprit de représenter leurs intérêts et de poursuivre les négociations, alors ouvertes, dans le but de mettre fin aux difficultés financières qui menaçaient l'Egypte et sa Dette. Il n'entra pas dans les détails de tous les projets qui furent formés pour arriver à ce but. Il suffira de dire que, pendant les deux derniers mois, M. Goschen a été occupé à prendre en considération l'intérêt des porteurs. Il était essentiel, pour la prospérité et le progrès continu du pays qui a été prospère jusqu'à présent, il était essentiel que ce pays eût des finances en condition parfaite et stable... (*Écoutez !* *écoutez !*) Si on a pris la peine de lire le rapport de M. Cave, qui fut envoyé par le Gouvernement pour inspecter l'état financier de l'Egypte, on a vu que, si ses affaires financières étaient traitées d'une façon saine et judicieuse, on pouvait entrevoir nettement et raisonnablement le salut et espérer de sortir des difficultés qui se sont dernièrement élevées. Si M. Goschen voulait continuer à agir, et si les porteurs lui demandaient ses bons offices, il voudrait probablement les prêter, mais il faudrait qu'il fût soutenu par la sympathie cordiale et unanime des porteurs. (*Applaudissements.*)

M. GOSCHEN, reçu avec de bruyants applaudissements, prend la parole en ces termes :

Messieurs,

Je veux en commençant, sans plus de préambule, vous faire connaître d'abord la raison spéciale pour laquelle j'ai dit que je serais heureux aujourd'hui de me présenter devant les porteurs de fonds Egyptiens et d'exposer, autant que je le pourrai, la situation actuelle des affaires.

Vous n'avez été convoqués qu'il y a peu de temps, mais je vous dirai pour quels motifs la convocation a été prompte ; la raison spéciale pour laquelle j'étais désireux de me rencontrer aujourd'hui face à face avec les porteurs des différents Emprunts Egyptiens était qu'il y a quelques jours j'ai reçu une invitation du Vice-Roi d'Egypte de me rendre au Caire et, dans un télégramme, il a exprimé son avis que, si j'étais sur les lieux pour examiner la situation et l'état des ressources financières de l'Egypte, nous serions à même d'arriver à un arrangement compatible à la fois avec le budget de l'Egypte et avec les justes égards qui sont dus aux réclamations des porteurs *(Applaudissements.)* En même temps le Vice-Roi envoyait, par dépêche, une invitation aux représentants des créanciers en France.

Maintenant, Messieurs, vous savez que, dès que j'entrepris de vous représenter, je considérai comme mon devoir alors de vous avertir que

je ne pourrais pas faire le voyage d'Egypte. Je dis franchement d'abord
que c'était une sorte de condition du pacte entre nous. Mais, messieurs,
j'ai cette grande affaire en mains ; vos intérêts sont énormes, la situation
est extrêmement critique, et j'ai été à-même de voir quel grand malheur
causerait, en Angleterre, en Écosse et en Irlande, tout acte positif de
banqueroute de l'Egypte. J'ai vu combien de milliers de personnes sont
touchées dans leurs intérêts et, sachant, comme je viens de le dire, quelle
est la situation, je sais que mon devoir est de ne pas hésiter à accepter
l'invitation du Vice-Roi d'Egypte *(Écoutez! écoutez! — Bruyants
applaudissements.)* pourvu que, — et, messieurs, vous apprécierez natu-
rellement cette condition, — ce soit avec un sentiment franchement
unanime que vous me confiiez les négociations. *(Applaudissements.)* Je
n'ai pas besoin de vous dire que, personnellement, c'est pour moi un
sujet de profond chagrin de quitter l'Angleterre pour quelque temps
dans un moment intéressant ; mais, en même temps j'ai entrepris
de m'acquitter d'une tâche que vous avez confiée à mon meilleur savoir-
faire. Et si je sais que c'est un désir sincèrement unanime, l'unanimité
absolue en ce cas est presque impossible, mais s'il y a unanimité
évidente entre vous, je serai prêt dans quarante-huit heures à partir.
(Applaudissements bruyants et prolongés.)

Maintenant, laissez-moi vous dire un peu ma pensée sur la situation.
Laissez-moi vous expliquer brièvement d'abord le retard qui est arrivé.
Je déplore ce délai sous le rapport de la pénible incertitude dont beaucoup de vous, en fait dont vous tous, avez souffert, je le déplore,
parce que beaucoup d'entre vous, pendant ce temps, ont été privés des
intérêts dont vous aviez grandement besoin. *(Écoutez! écoutez!)* Mais,
d'un autre côté, ce retard n'a pas été sans quelque avantage pour l'intérêt
général : je ne pense pas qu'il vous ait été nuisible. La cause du
retard était que le porteur des traites sur le domaine privé du Vice-Roi,
lorsque ces traites furent impayées, déféra l'affaire aux nouveaux tribunaux internationaux qui ont été institués en Égypte, et obtint un jugement
en sa faveur. L'exécution lui fut accordée, mais on forma opposition.

Enfin, ces tribunaux internationaux ayant été installés par les grandes puissances d'Europe, le Vice-Roi en appela aux grandes puissances des difficultés de la situation, et le point pratique qui, je pense pouvoir le dire, leur fut soumis, fut de savoir si l'autorité des nouveaux tribunaux devait être maintenue ou non. Cette question a été soumise à l'attention des divers gouvernements et l'opinion générale, la pensée générale, à présent, est (bien que je n'aie pas d'informations officielles à cet égard) que les grandes puissances maintiendront l'autorité des tribunaux internationaux. (*Écoutez! écoutez!*)

Comme ce litige était pendant, et que toute la Dette de la Daïra était comprise dans le plan de la conversion, il était impossible de conclure un arrangement quelconque, et mon opinion était, — je l'ai communiquée en termes énergiques au Vice-Roi, dans mes lettres à lui et à ses ministres, — qu'il serait plus désirable de traiter la question en détail; que, comme l'ensemble de la Dette avait été compris dans le Décret du 7 Mai, la modification générale devait être faite d'une seule et même fois, de façon que les créanciers puissent savoir à quoi s'en tenir.

Des modifications continuelles des Décrets auraient été nuisibles à toutes les parties et à tous les intérêts en même temps. (*Écoutez! écoutez!*) Par conséquent, je considère que vous ne pourrez pas arriver à une liquidation finale tant que cette question n'aura pas été résolue. Maintenant, je ferai ressortir une autre raison, ou plutôt la raison pour laquelle je considère que le délai ne vous a pas été nuisible : il est de l'intérêt des créanciers de l'Égypte, aussi bien, selon moi, que de l'Égypte elle-même, que le jugement des tribunaux internationaux soit maintenu. (*Écoutez!*)

Un point particulier encore touche les intérêts des créanciers : dans le Décret de conversion du 7 Mai, qui contient beaucoup de dispositions contre lesquelles j'ai, comme vous le savez, protesté énergiquement, il y en avait une d'une valeur incontestable, celle qui disait : que si le commissaire nommé pour recevoir les revenus destinés spécialement au paiement des coupons avait à se plaindre, en quoi que ce soit, du ministre ou de l'administration des finances, il avait le droit de porter ce manque d'engagement devant ces tribunaux internationaux (*Écoutez! écoutez!*), et c'est, je crois, un principe admis par le Vice-Roi, et sur lequel, dans votre intérêt, je ne désirerais pas céder.

Il est de la plus grande importance que tout commissaire, n'importe lequel, nommé pour toucher les revenus destinés au paiement de la Dette, ait le droit de porter légalement plaintes devant les tribunaux dont l'autorité, maintenant, je le comprends, doit être maintenue. (*Écoutez! écoutez!*)

Pendant le délai qui s'est écoulé j'ai fait de mon mieux pour arriver à un arrangement avec d'autres créanciers, avec ceux de France; et permettez-moi de vous faire remarquer ce que je considère comme une politique saine à cet égard : Quel était en effet l'un des reproches principaux contre le Décret du 7 Mai ? C'est, en tous cas, un de mes principaux griefs. — C'est que ce Décret était lancé par le Khédive arbitrairement sans aucune entente préalable avec les créanciers. Aucune occasion ne fut donnée aux représentants de plaider leur cause que lorsqu'il était trop tard; ils se sont réveillés un certain matin, et ont trouvé que les garanties accordées avaient été retournées, que la Dette consolidée avait été abolie, qu'on avait créé des titres nouveaux et qu'il ne leur restait aucun moyen de protester contre les faits. J'ai fait remarquer au Vice-Roi et à son Ministre quel détriment un tel acte devait porter au Crédit de l'Europe ou de tout autre pays. Le Ministre des finances répondit que cette accusation de ma part n'était pas loyale, après tout ce qui s'était passé avant que le décret fût signé : c'est seulement par une dépêche que j'appris cela; mais je crois qu'il veut dire que les négociations antérieures avec des groupes de capitalistes anglais, que les remontrances faites par notre Agent consulaire ou les protestations de M. Rivers Welson étaient parfaitement la représentation de l'opinion anglaise et que, par conséquent, on ne pouvait pas dire que les intérêts des Bondholders anglais eussent été négligés. Mais ceci dans mon opinion n'est pas une réponse. Les représentants des Bondholders anglais n'ont été consultés que lorsqu'il était trop tard. *(Écoutez! écoutez!)* Maintenant, laissez-moi mettre en lumière un point important; il paraît exister en Égypte chez le Gouvernement une sorte d'opinion générale que ces contrats et ces décrets sont conclus avec des groupes de capitalistes et de Banquiers et non pas tant avec le public en général. Ce que j'ai tâché, ce que je tâcherai de faire remarquer au Vice-Roi, est que les engagements qu'il a pris par ces décrets ne sont pas pris vis-à-vis des groupes de banquiers ou de capitalistes qui sont en communication avec lui, mais qu'il a pris des engagements envers le public en général. *(Écoutez! écoutez!)* Je lui expliquerai que son stock, en Angleterre au moins, est réparti sur une échelle immense, qu'il est possédé par des milliers de familles et que, dans chacune de ces familles, la conduite du Gouvernement égyptien est observée avec un soin jaloux. Et je pense que je lui ferai observer avec justesse, que l'opinion formée de cette façon, qui représente l'opinion du pays, est une opinion qui doit exister et qu'on ne doit pas négliger. D'après cela, je pense que vous direz que le seul point sur lequel nous avons à discuter auprès du Vice-Roi est que tout acte arbitraire doit être écarté. *(Écoutez! écoutez!)* J'ai commencé mes négociations dans ce sens. Je ne pense pas qu'il eût été sage d'aller tout droit au Vice-Roi et de lui dire : « Passez votre plume sur ce décret que vous avez signé il y a un mois. » Par ce décret, de nouveaux engagements ont été créés; des avances ont été consenties. Il a pris de nouveaux engagements envers tous ses créanciers, tel que, par exemple, celui de la création des commissaires qui doivent encaisser les revenus. Si le Vice-Roi avait écouté le conseil d'annuler tout à coup ce décret, nous aurions eu un avantage temporaire et le stock aurait monté; mais quelle sécurité aurions-nous eue, que trois mois plus tard d'autres conseils n'auraient pas dominé, qu'il n'aurait pas passé sa plume alors sur notre décret et que les finances d'Egypte ne se trouveraient pas alors dans une confusion plus grande qu'auparavant? Il me paraissait, par conséquent, que le seul salut pour le Crédit égyptien et la voie pour assurer votre intérêt et la continuation du paiement des dividendes étaient d'en arriver à un arrangement unanime entre les diverses classes de créanciers, si possible; de sorte que nous puissions aborder le Vice-Roi, si possible, au moins avec l'appui de nos deux Gouvernements, et que nous ne consentions pas qu'une partie des créanciers soit mise en jeu contre une autre partie de créanciers ou un Gouvernement opposé à un autre Gouvernement. C'est une union entre les deux pays et entre les deux sortes de créanciers qui, suivant mon jugement, seul peut nous conduire à une liquidation satisfaisante. Le Vice-Roi sait que cela est mon opinion. Je ne lui ai pas caché. Je l'ai répété dans chaque dépêche que je lui ai adressée, et, sachant quelle est mon opinion, il m'a invité en pleine connaissance de ma pensée, invitant en même temps le représentant des créanciers français. Maintenant, si vous voulez me permettre, je vous lirai un passage d'une lettre que j'ai adressée au Vice-Roi, lettre qui vous donnera des explications plus détaillées de mon opinion sur cette affaire :

« En attendant, je ne puis que soumettre à Votre Altesse, les « objections principales qui ont été faites contre le décret du 7 Mai. « Elles sont :

« 1° Contre l'augmentation de la somme totale de la dette depuis « le Rapport de M. Cave;

« 2° Contre la bonification de 25 °/₀ aux porteurs de la dette « flottante, bonification qui a été une des causes principales de l'aug— « mentation susdite;

« 3° Contre le retrait des garanties aux porteurs de l'ancienne « dette consolidée et leur application à la nouvelle dette unifiée de « £ 91,000,000;

« 4° Contre la très-insuffisante compensation accordée aux porteurs
« des emprunts à courte échéance.

« Les plans que j'aurai l'honneur de vous soumettre tendront à
« surmonter ces objections autant que possible, bien que je sois parfai-
« tement convaincu qu'il n'est pas au pouvoir de Votre Altesse de
« revenir sur ce qui a été fait. ⎪Je dois ajouter que, connaissant les
« engagements que Votre Altesse a pris, j'ai cru utile et convenable de
« me mettre d'abord en rapport avec ceux à qui l'opération de la
« conversion a été confiée. Les porteurs anglais sont très-affectés de ce
« que le décret du 7 Mai ait été publié sans aucun avis préalable et
« qu'aucune occasion ne leur ait été donnée d'exposer leurs plaintes au
« Gouvernement.

« Un nouveau coup serait porté au Crédit de l'Égypte si on
« agissait de même vis-à-vis d'autres, en préparant un autre système
« de conversion, modifiant celui du 7 Mai. Dans cette pensée et dans le
« désir d'éviter qu'aucune plainte puisse être portée contre le Gouver-
« nement Égyptien pour le fait d'avoir recommandé un plan quelconque,
« je me suis occupé d'inviter le groupe français à donner son concours
« à certaines modifications du dernier décret que, si nous pouvons nous
« entendre, nous proposerons de concert à Votre Altesse. J'ai fait des
« progrès rapides dans ce sens et j'ai toute raison de croire qu'aussitôt
« que les Gouvernements respectifs auront communiqué leur manière
« de voir sur le jugement prononcé, sur l'affaire de la Daïra, nous
« serons en mesure de soumettre à Votre Altesse un plan qui réduirait
« le total de la Dette publique de l'Égypte, modifierait l'effet de la
« bonification de 25 °/₀ accordée aux porteurs de la dette flottante,
« améliorerait la position des porteurs des emprunts à courte échéance,
« et donnerait quelque valeur au principe des garanties spéciales,
« accordées en faveur de ceux pour qui elles étaient données. »

Voilà, en termes généraux, ce que j'ai écrit au Vice-Roi, et je disais que j'espérais pouvoir lui soumettre le plan susdit. Je suis maintenant à même de vous dire qu'en ce qui concerne l'arrangement avec les créanciers français, je suis à même de soumettre un plan au Vice-Roi. (*Applaudissements.*) Et maintenant je dois faire un grand appel à votre confiance et à votre attention. (*Écoutez! écoutez!*)

Je sais que vous êtes tellement intéressés dans cette affaire, que vous devez vouloir connaître nos plans; mais permettez-moi de vous faire remarquer qu'il s'écoulera une dizaine de jours avant que je sois en Égypte, et si dans cette enceinte ou au dehors, nous nous mettions à discuter un plan quelconque, on se servirait de ces dix jours pour tâcher de faire annuler telle partie de ce plan qui serait contraire à des intérêts spéciaux. Il y a plusieurs genres d'intérêts spéciaux : d'un côté il y a les créanciers français et de l'autre les créanciers anglais; l'affaire est aussi pleine de difficultés que le peut être toute négociation de ce genre, et je suis fermement convaincu que décider dans cette réunion ce qu'il y a à faire serait contraire au succès que nous pouvons espérer. Vous devez prendre en considération que j'aurai peut-être à apporter quelques modifications à mes demandes, quand je serai arrivé.

Voilà l'appel que je dois faire à votre indulgence, mais je sais, car j'ai observé ce sentiment dans la nation anglaise et chez les Bondholders, que vous n'êtes pas disposés à rien abandonner de vos justes prétentions, pour permettre seulement au Gouvernement Égyptien de faire de plus grandes dépenses ou de mettre de plus grosses sommes à la disposition du Vice-Roi. Pour que vous fussiez amenés à des concessions, il faudrait, ou que l'Égypte ne pût payer davantage, ou qu'en recevant davantage, vous dussiez mettre ses finances en peu d'années dans le désarroi.

Votre désir unanime c'est, je le sais, d'obtenir des garanties plus sérieuses (*Une voix : Parfaitement! — Applaudissements.*) et que tous les revenus réels, sans exception, dans toute circonstance et sans aucun doute, prennent le chemin des poches de ceux qui ont prêté de l'argent au Gouvernement Égyptien *(Écoutez! écoutez!)* comme détenteurs de bonne foi de stocks. C'est sur les garanties de paiement ponctuel des intérêts que vous insisterez le plus, et vous considérerez peut-être ce point-ci comme le point le plus important se rattachant à ma mission en Égypte.

Le Vice-Roi a montré que, sous un certain rapport, il est disposé à se placer sous un contrôle financier : il a nommé trois commissaires, désignés par la France, l'Autriche et l'Italie, à qui les revenus sont versés. Nous avons eu occasion, et c'est peut-être un nouvel avantage du retard qui a eu lieu, nous avons eu occasion, dis-je, de voir quelles imperfections existent dans la Commission et dans le Décret ; ainsi il était entendu, dans le temps, que la Commission ne serait pas permanente : il n'y avait pas de clause dans le Décret qui empêchât la Commission de se dissoudre. Il me paraît que nous devons demander que la Commission subsiste aussi longtemps que la Dette existera. En outre, il paraît que rien ne garantit suffisamment l'envoi immédiat en Angleterre des sommes perçues.

Nous devons insister pour que les sommes soient adressées sans délai à la Banque d'Angleterre et à la Banque de France. On dit aussi que la perception des revenus peut présenter des fissures par où passeraient les fonds destinés au paiement de la Dette, par où ils échapperaient à la Commission et iraient servir à d'autres objets.

Les recettes des deux derniers mois n'ont pas atteint le chiffre auquel nous nous attendions ou ce qu'on présumait qu'il serait, et je crois qu'il sera de mon devoir d'examiner, le plus rigoureusement, s'il y a eu des voies par lesquelles auraient été détournés des fonds qui, conformément au Décret, devraient avoir été versés à la caisse des commissaires. C'est peut-être une circonstance remarquable qu'une baisse soudaine dans les revenus ait coïncidé, en même temps, avec les bruits qui circulaient au sujet de la réduction de la Dette de 7 en 5 °/₀.

Tout ceci demande à être examiné avec soin.

J'arrive maintenant au point sur lequel il est possible d'améliorer une commission de ce genre, c'est relativement à la présence d'un représentant des Bondholders anglais. (*Applaudissements.*)

Le Vice-Roi dira que l'occasion en a été fournie et que le gouvernement anglais a été invité à nommer un représentant, ainsi que l'ont fait d'autres Gouvernements. Le représentant anglais n'a pas été nommé, et je ne crois pas que le Gouvernement anglais en nomme un : ce serait contraire aux habitudes anglaises, mais cela n'est pas une raison pour que les Bondholders anglais ne soient pas représentés dans la Commission. Je me suis mis en communication avec le Gouvernement français, et je suis autorisé à dire que, puisqu'il a désigné un représentant, il ne fera pas d'opposition, mais qu'il nous aidera à obtenir l'admission d'un représentant dans la Commission sous des conditions différentes, c'est-à-dire, la nomination par tout le corps compétent des Bondholders ou autre, et qu'il demandera, avec nous, d'assurer la présence d'un Anglais, dans la Commission, qui soit spécialement désigné pour recevoir les revenus spéciaux. Nous ne devons pas céder sur ce point, que les revenus soient payés à des hommes indépendants qui remettront directement l'argent en Angleterre. Vous voyez, par toute cette série d'arrangements à laquelle j'attache tant d'importance, combien il est nécessaire que les deux pays marchent ensemble dans cette affaire, lorsqu'on arrive au point d'exiger ou de s'efforcer d'obtenir du Vice-Roi des garanties de cette espèce, et je ne doute pas que le Vice-Roi, qui est un homme éclairé, ne voie que cet ensemble de garanties est meilleur que des demi-garanties et qu'il ne constate lui-même que, dans la modification des arrangements, il est nécessaire, s'il désire que le crédit de son pays se relève, de donner les garanties telles que je les ai indiquées.

Avant de m'asseoir, permettez-moi, Messieurs, de vous prier de vous mettre sur vos gardes contre un ou deux points. J'ai exposé franchement devant vous un résultat de ma mission ; prenez-le en considération avant de me dire de partir, car je ne veux, en aucune façon, m'associer à un rapport favorable uniquement pour maintenir le Crédit égyptien, même si je trouve que l'état des choses est défavorable. Je n'ai rien à voir, et je suppose que vous êtes *bona fide* porteurs de fonds égyptiens et que, vous aussi, vous n'avez rien à voir avec la hausse ou la baisse des cours. (*Applaudissements.*) Je dois tâcher de faire un arrangement non pas pour faire monter les cours, mais pour donner de la solidité aux fonds ; (*Écoutez! écoutez!*) par conséquent, si la situation là-bas est défavorable, j'aurai une tâche désagréable, mais je ne reculerai pas.

Permettez-moi ensuite de vous prier, pendant mon absence, de ne pas ajouter foi trop facilement à ce que vous entendrez dire. On répandra des bruits du Caire, de Paris et des différentes autres places. Vous entendrez toute espèce de nouvelles. Ne permettez pas à vos espérances d'augmenter ni de diminuer sur ces bruits : on en fait souvent répandre pour influencer l'opinion publique. Je suis très-exigeant en vous demandant cela. En outre, il se pourrait bien qu'une proposition inacceptable qu'on ne peut défendre sur les lieux, mais qu'on peut rendre impopulaire par des arguments aux yeux des intéressés, vît le jour.

Je vous prie, par conséquent, de ne pas trop croire, avant mon retour, aux nouvelles que vous pourrez apprendre. (*Applaudissements.*) Il ne me reste plus maintenant qu'un seul point à traiter, point intéressant sur lequel on m'a adressé tant de questions, que je crois qu'il vaudra mieux donner une réponse explicite ; plusieurs Bondholders m'ont demandé ce qu'ils devaient faire quant à la présentation de leur stock pour la conversion. Ma manière de voir est celle-ci : jusqu'ici, j'ai cru que j'aurais les mains liées si les Bondholders anglais présentaient à la conversion un stock pour des sommes considérables. C'eût été presque accepter des conditions que vous ne désirez nullement admettre et contre lesquelles il est de mon devoir de protester. *(Écoutez! écoutez!)* D'un autre côté, l'argent était là, la tentation était très-grande pour beaucoup de Bondholders qui ne pouvaient pas se décider à se passer de leur coupon. Hier, j'ai reçu une lettre typique qui me posait cette question : Si les bonds sont présentés à la conversion, donnera-t-on quelque chose en échange et courrait-on un grand danger? Ma réponse est : en ce qui concerne les intérêts généraux, que les négociations sont arrivées à un point que mon autorité dans le pays n'en souffrira pas, si l'on présente les bonds à la conversion. Au point de vue général, il est tout à fait indifférent que vous présentiez votre stock ou que vous ne le présentiez pas. Mais vous devez juger chacun d'après votre cas particulier, et là-dessus je dirai : Je ne pense pas que vous ayez à craindre aucunement de ne pas recevoir les titres du Gouvernement en échange de ceux que vous remettez. L'Établissement français qui traite cette affaire (qui, entre parenthèses, n'est pas un de ceux engagés dès le début dans les finances Égyptiennes, mais un Établissement qui y est entré beaucoup plus tard), le Comptoir d'Escompte est un grand et honorable établissement qui opère sous l'autorité du Vice-Roi et conformément aux Décrets publiés. Par conséquent, je ne crois pas que vous courrez aucun risque de ne pas recevoir d'autres titres en échange des vôtres. Ce qui m'a préoccupé, ç'à a été de savoir si vous ne perdriez pas l'identité de votre titre et les avantages que vous pourriez avoir en gardant les titres anciens. J'ai examiné le mécanisme auquel la conversion est soumise, et j'ai l'assurance du Comptoir d'Escompte qu'il conserve des registres désignant les titres, et que ses quittances spécifient la classe particulière de titres qu'il reçoit. Ce que je ferais, le voici : si j'étais un gros détenteur de titres, et si je pouvais attendre, je préférerais voir ce qui va se passer maintenant. Toutefois, ceux qui ont besoin de leurs intérêts pour vivre (et j'ai le regret de dire qu'il y a beaucoup de cas pareils) ne courent pas, je crois, un grand danger en convertissant leur capital.

M. Goschen termine en disant qu'il est profondément impressionné de la responsabilité qu'il a prise.

M. Bidd Martin propose alors que l'Assemblée invite M. Goschen à se rendre en Égypte de sa part, et qu'elle lui donne pleine autorité d'agir pour tout arrangement qu'il jugerait convenable de conclure avec son Altesse le Vice-Roi et le Gouvernement égyptien en ce qui concerne la Dette égyptienne.

M. Drummond Wolff soutient la proposition, qui est acceptée à l'unanimité.

M. Goschen dit en peu de mots qu'il accepte la mission, et la réunion se termine par le vote de remerciements au Président.

9963. — Paris. — Imprimerie Vᵉ Éthiou-Pérou, rue Damiette, 2 et 4.